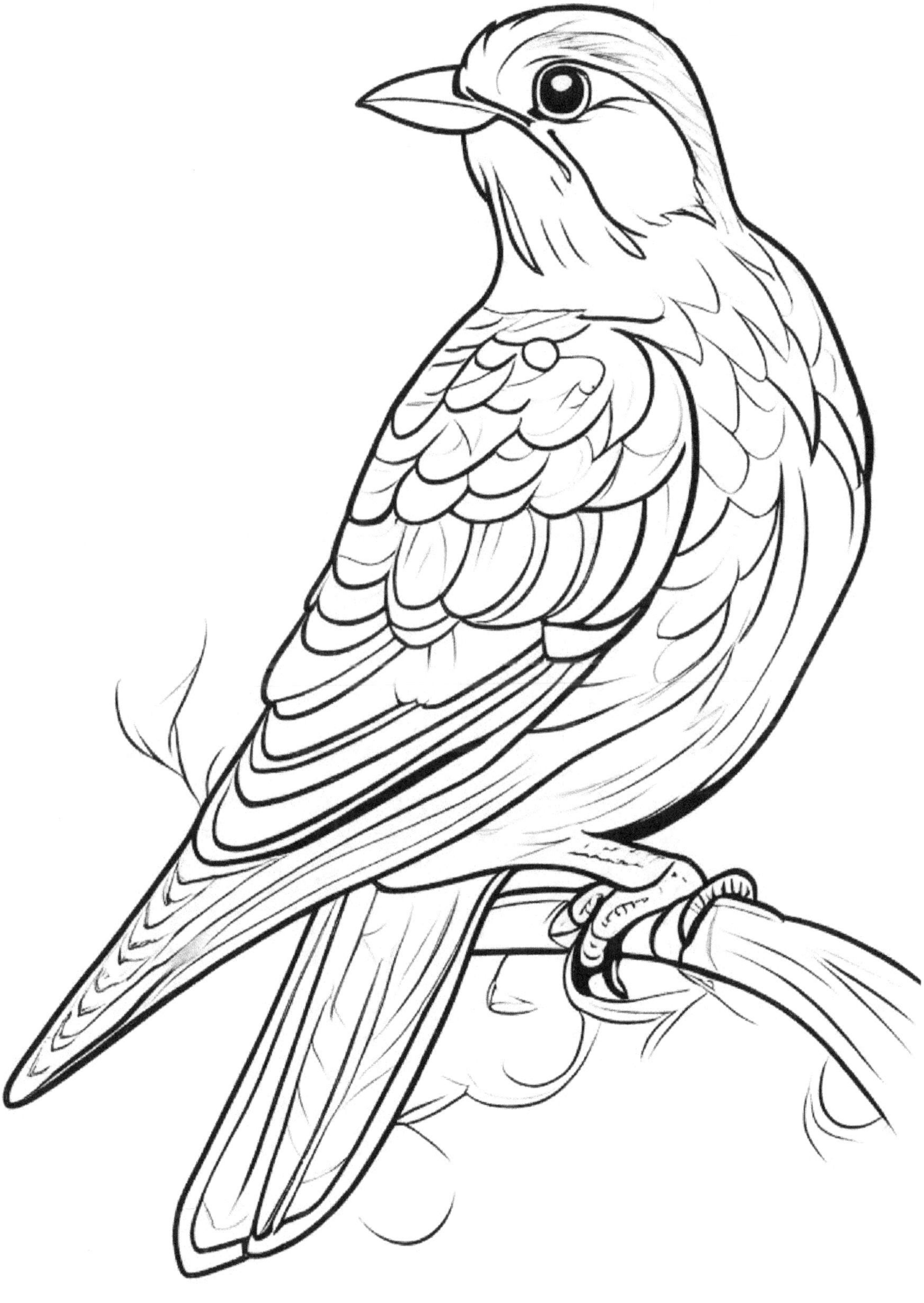

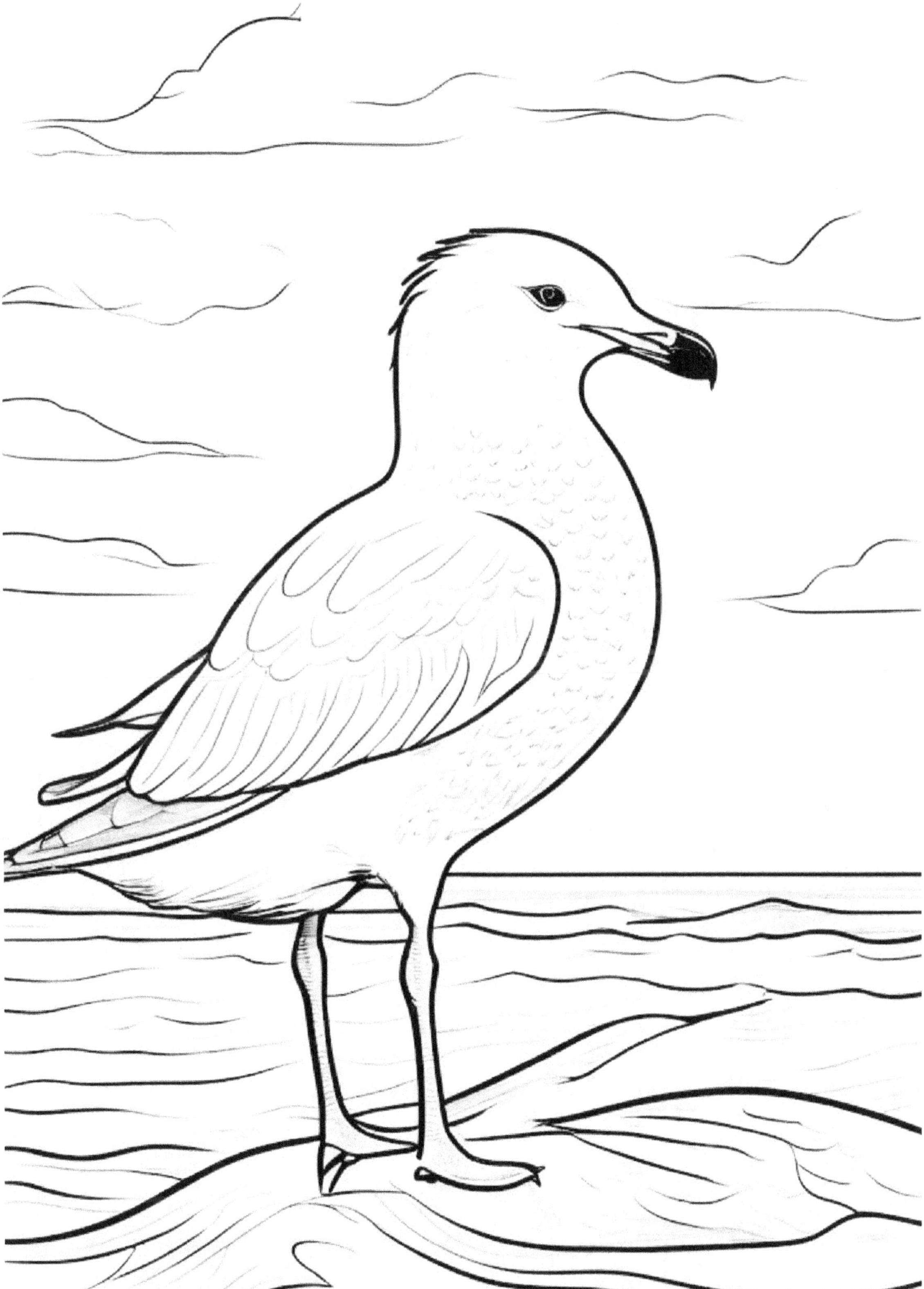

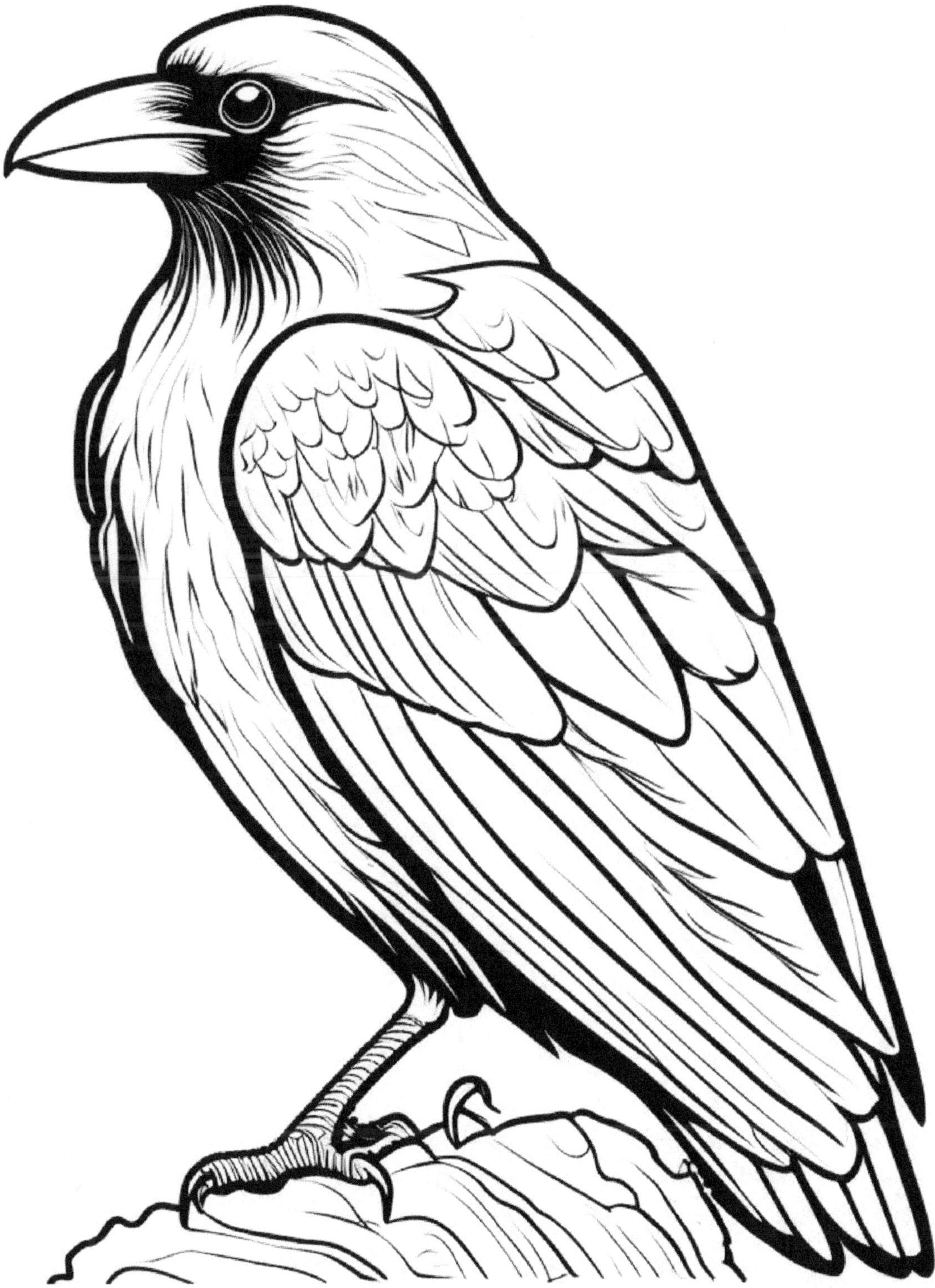

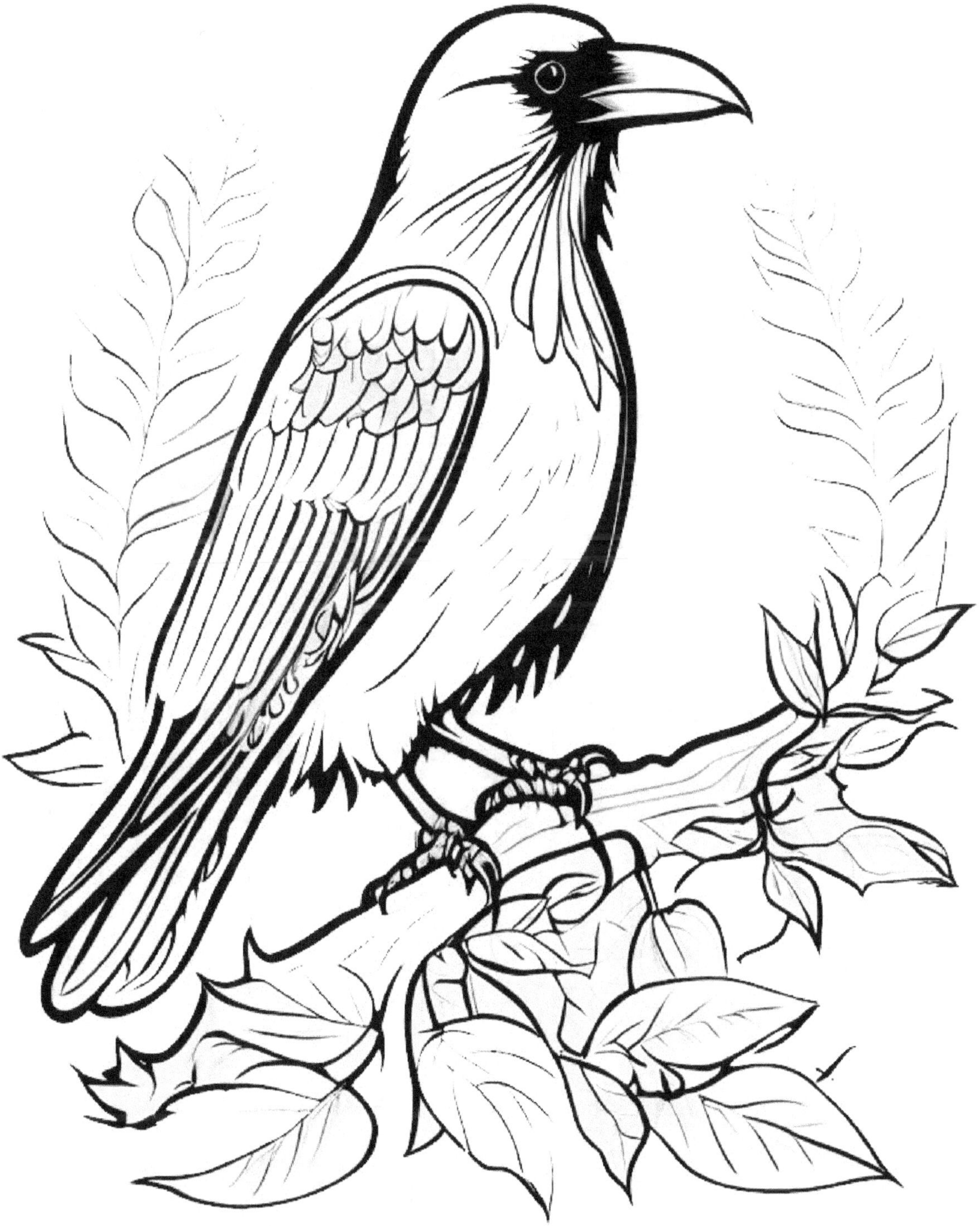

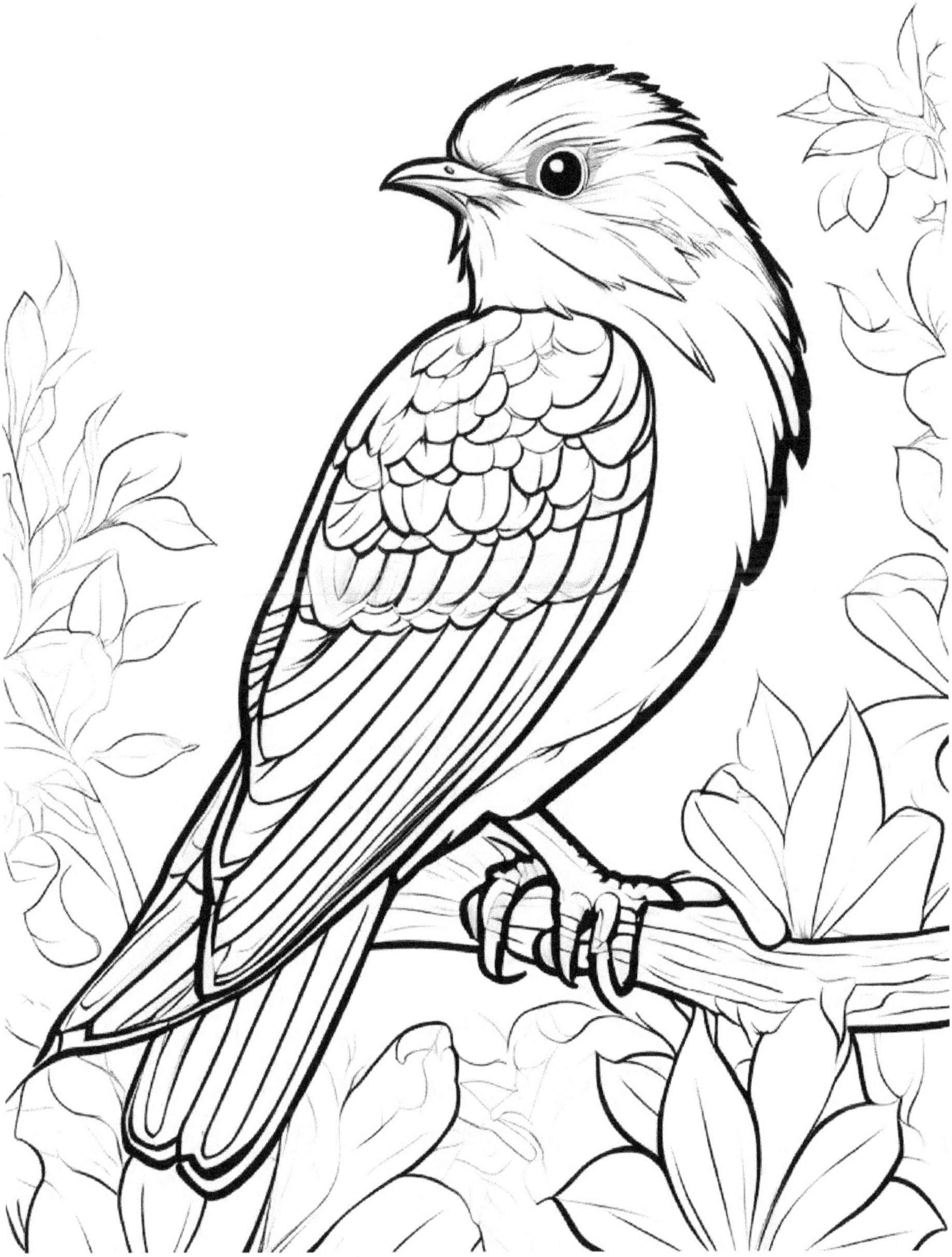

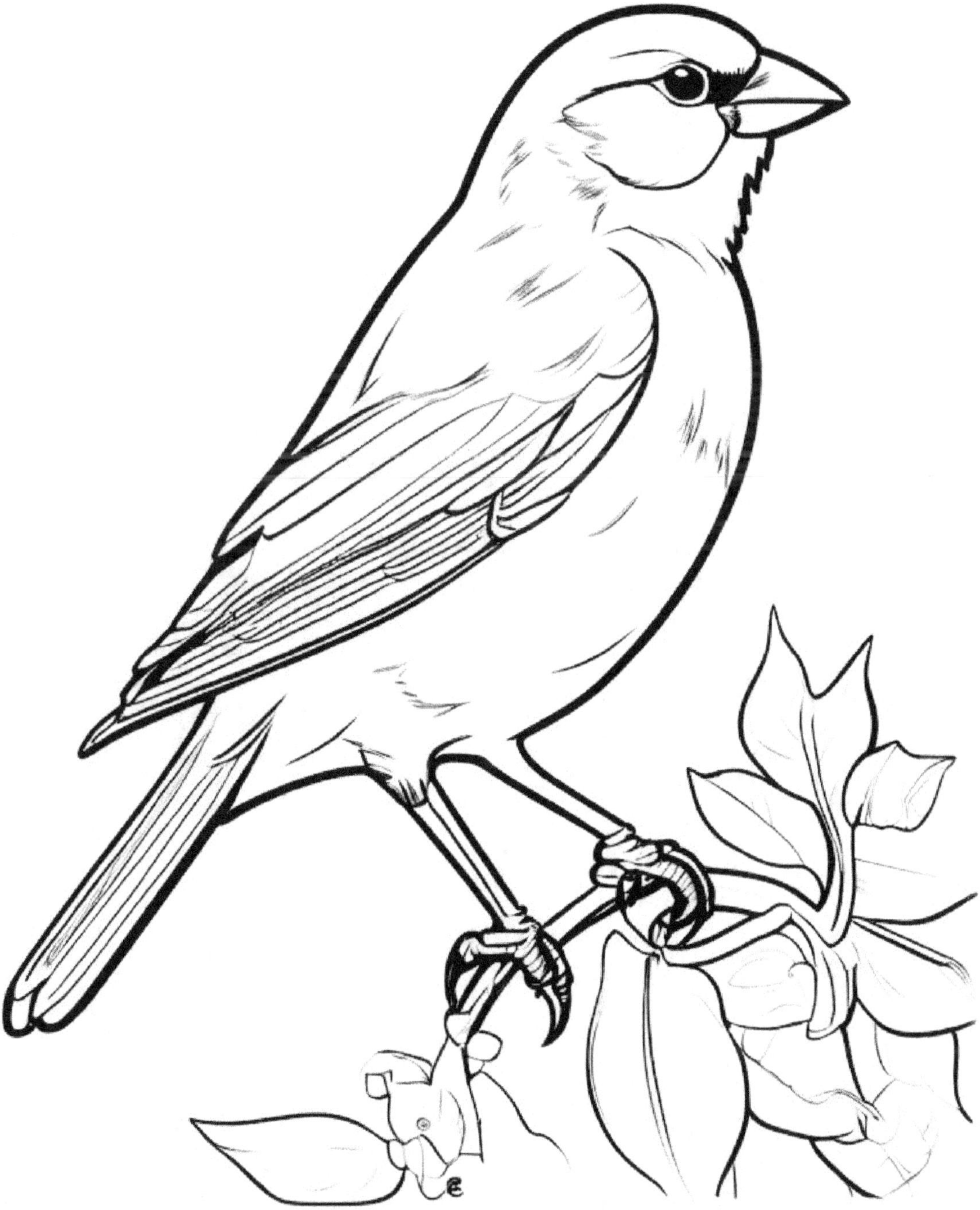

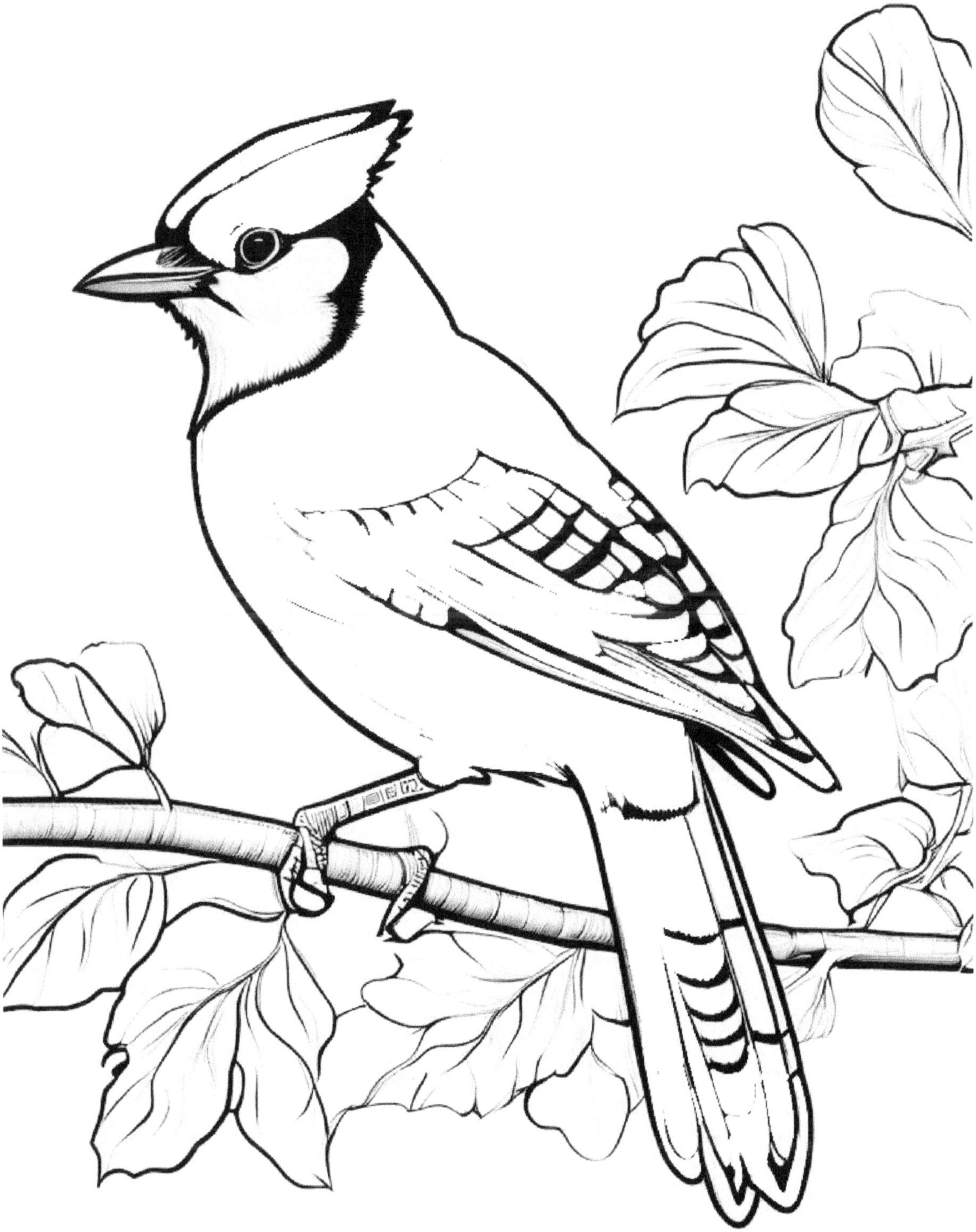

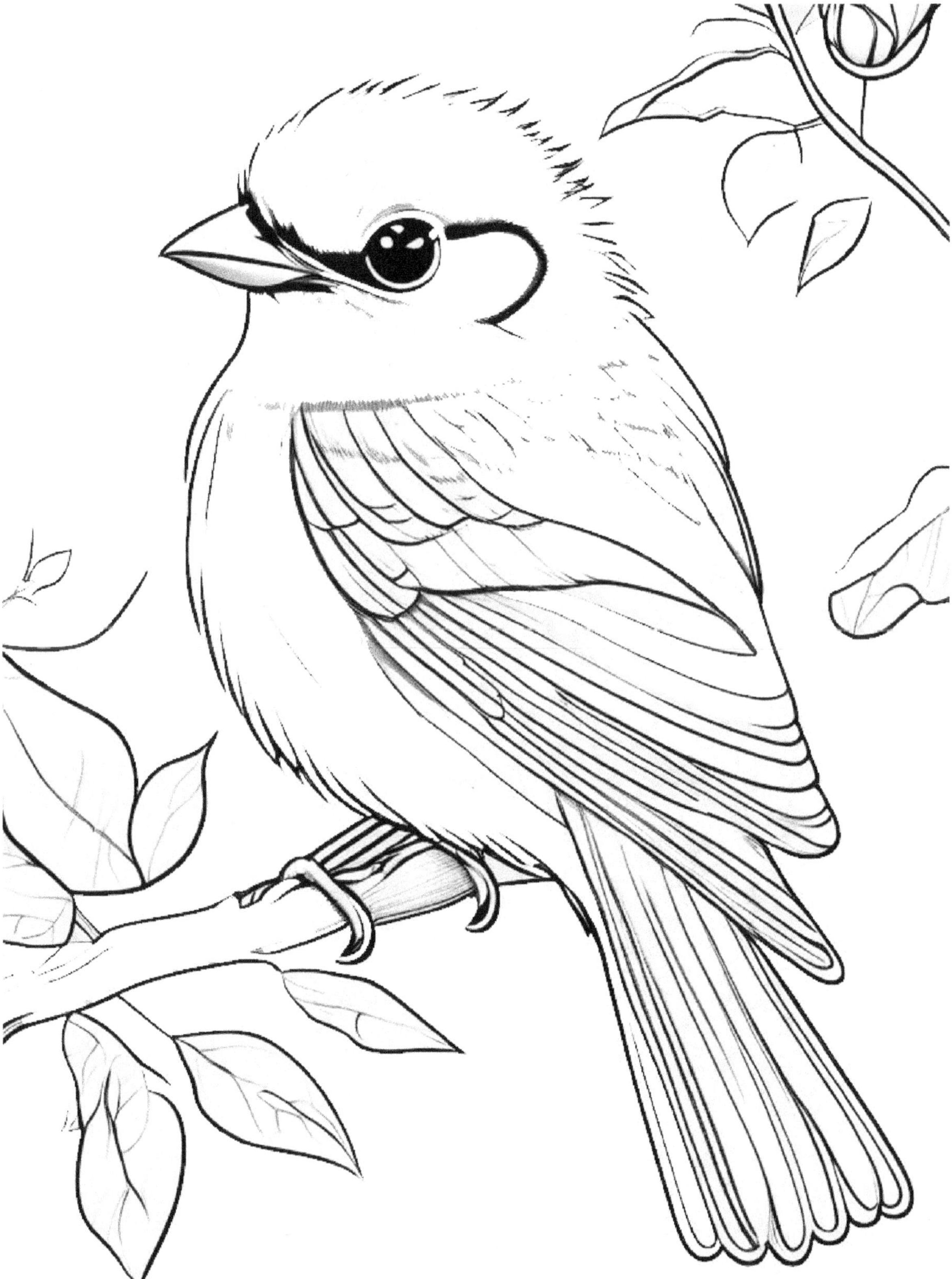

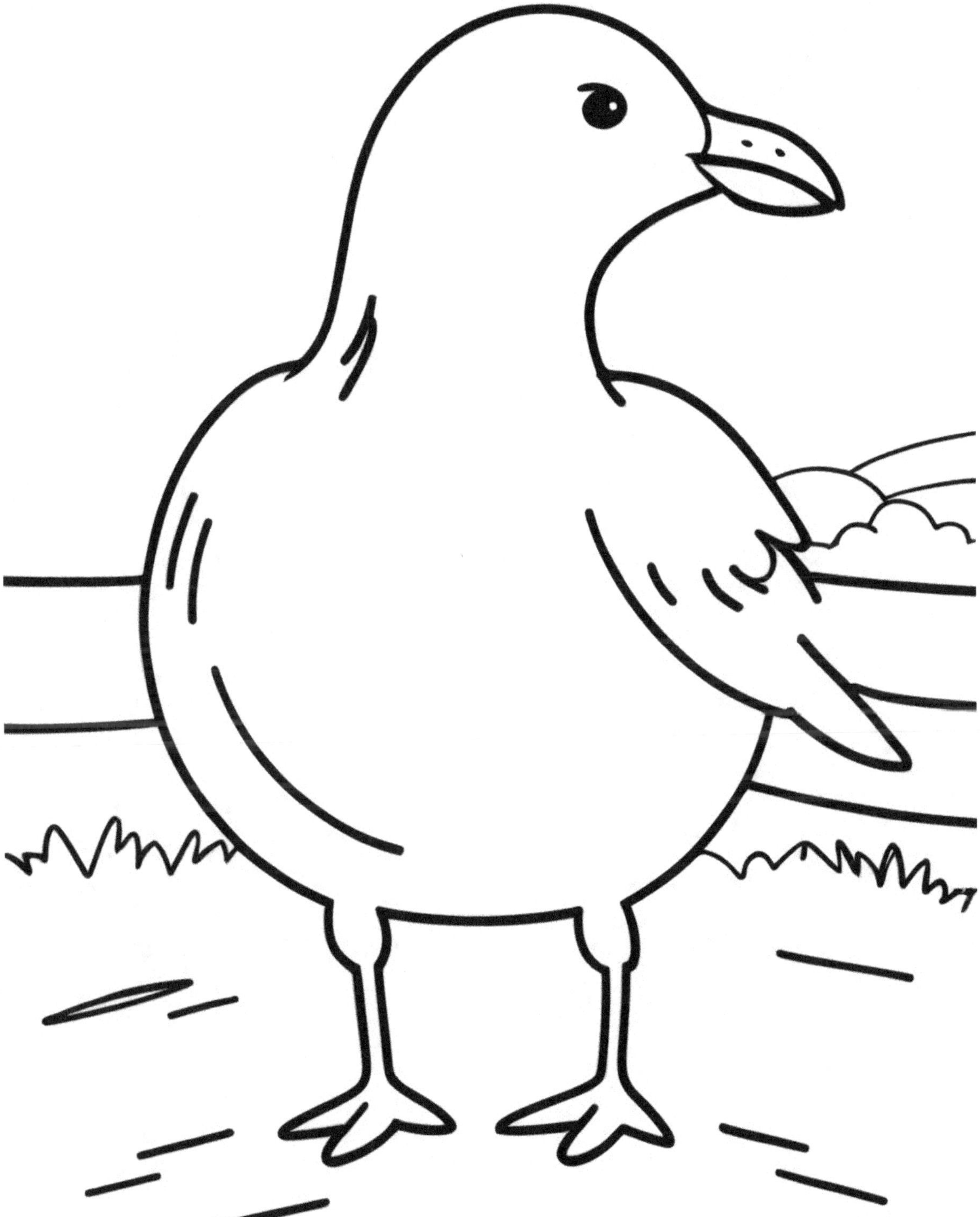

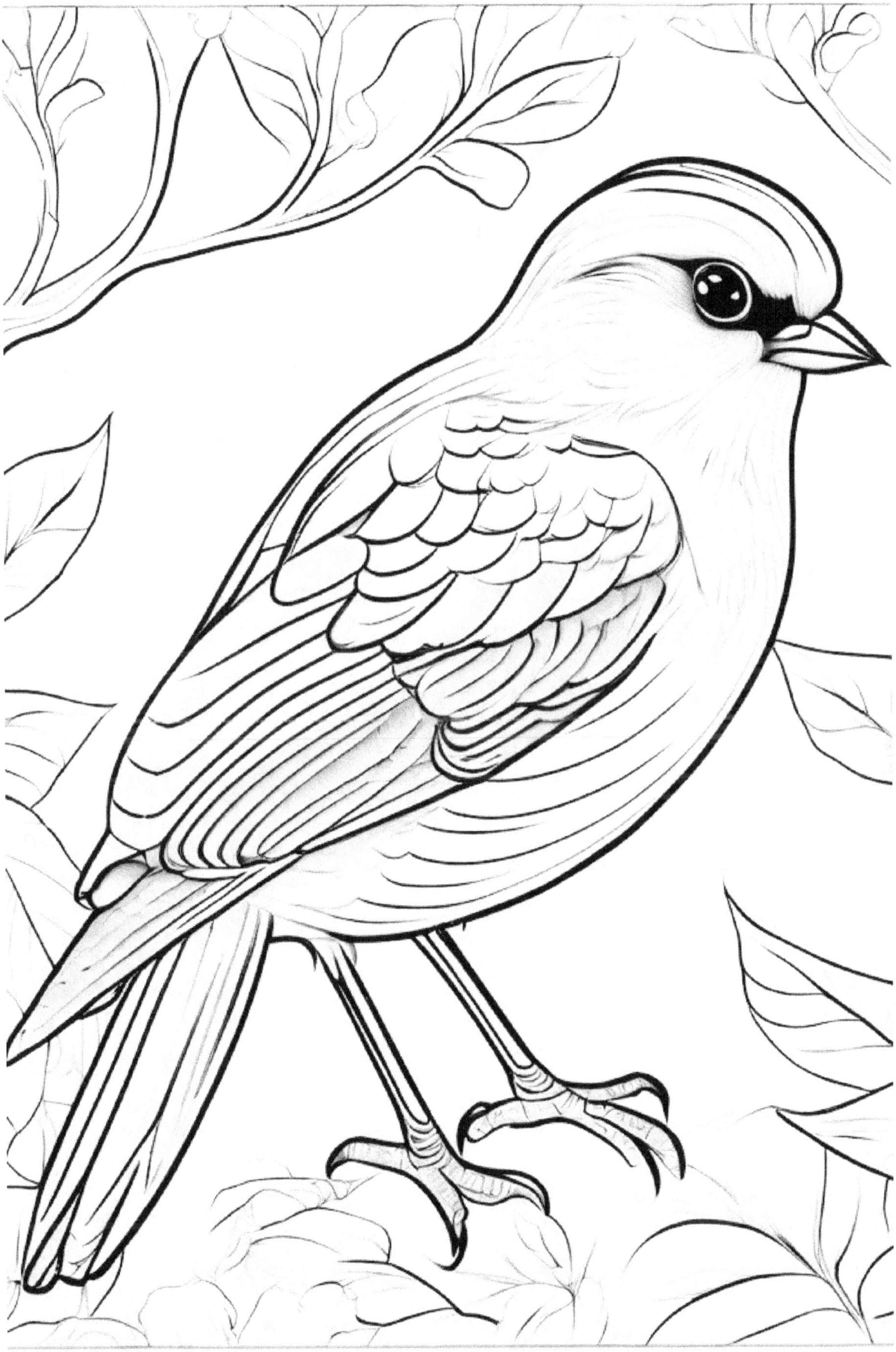

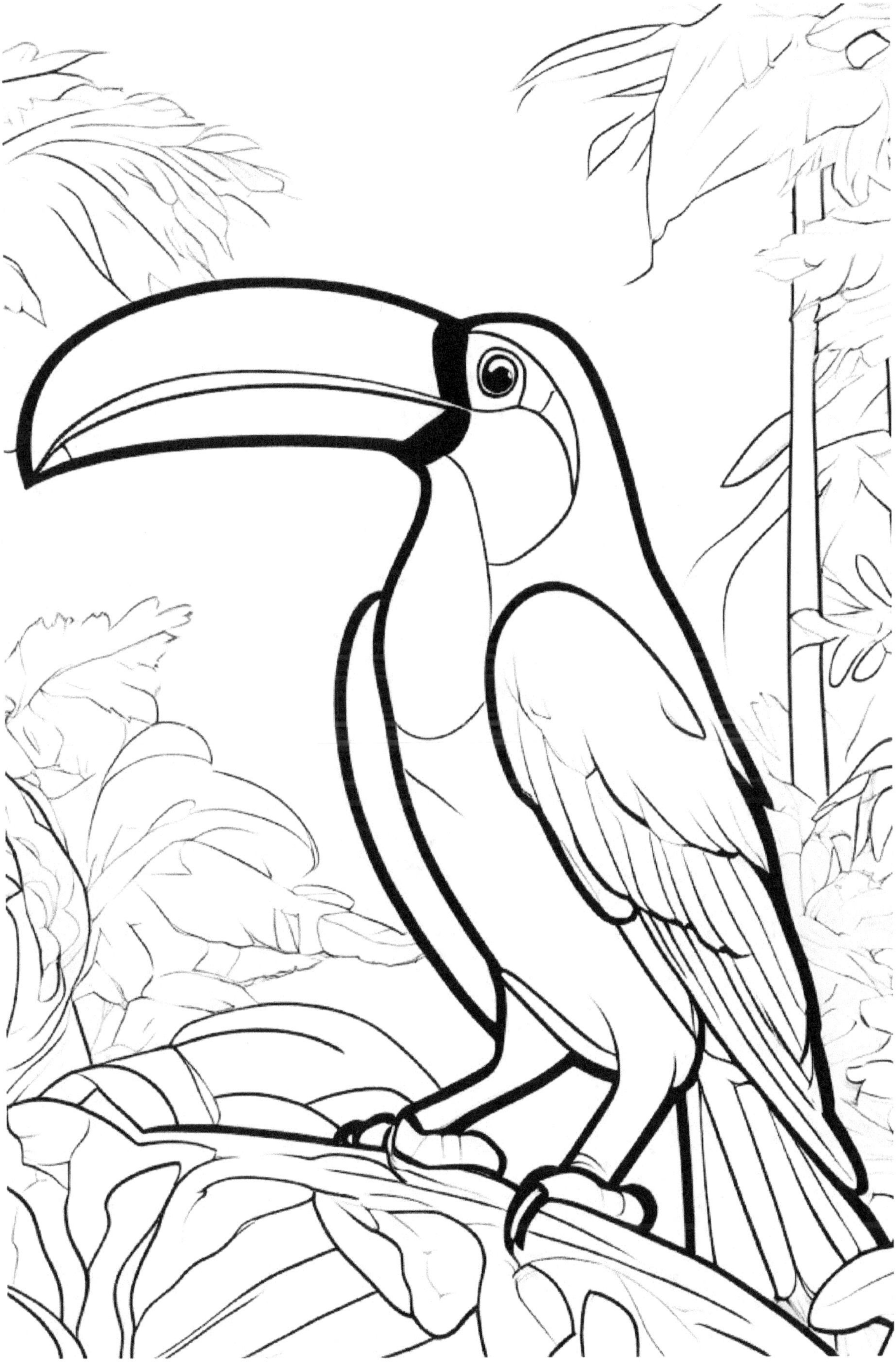

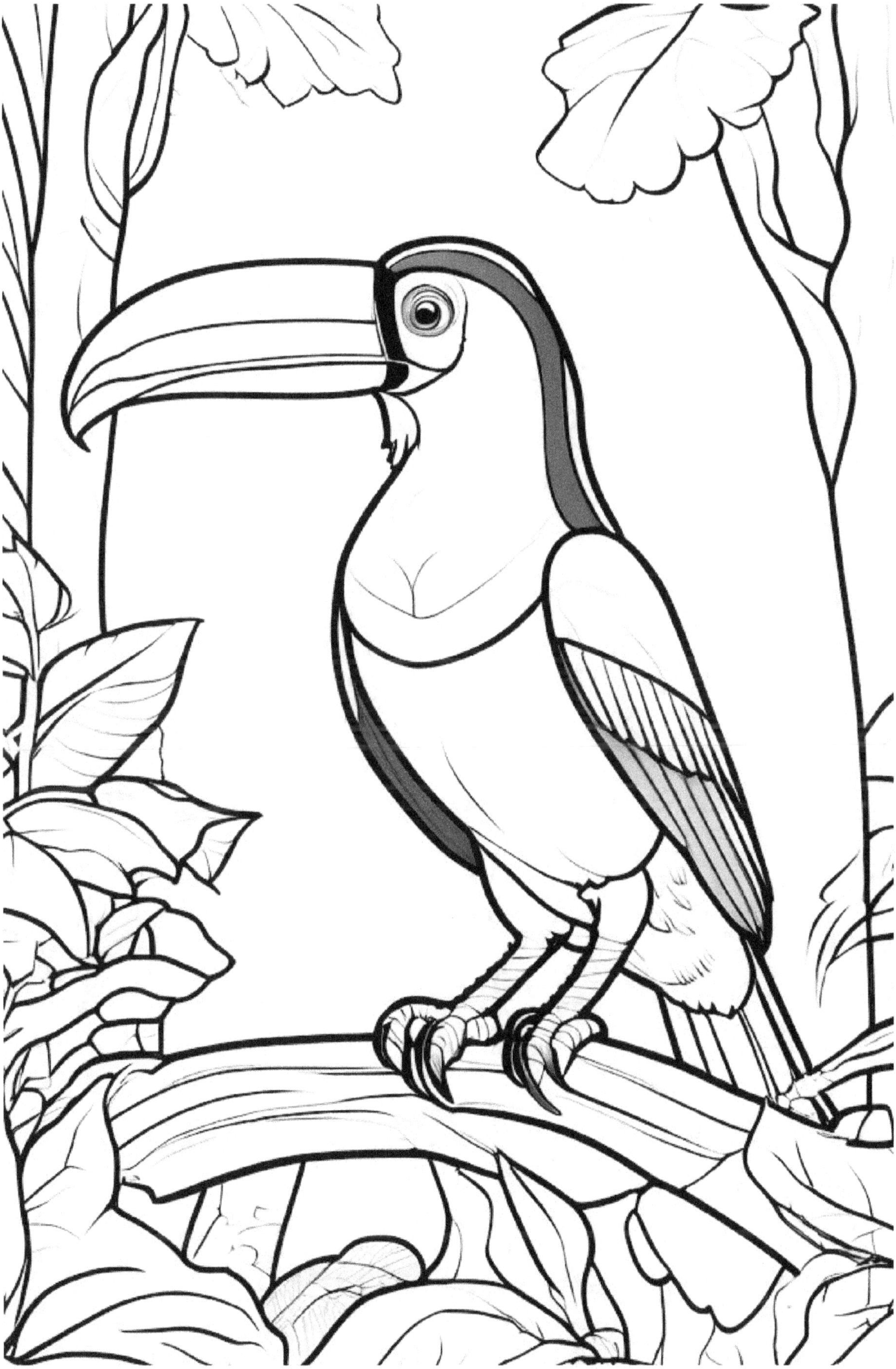

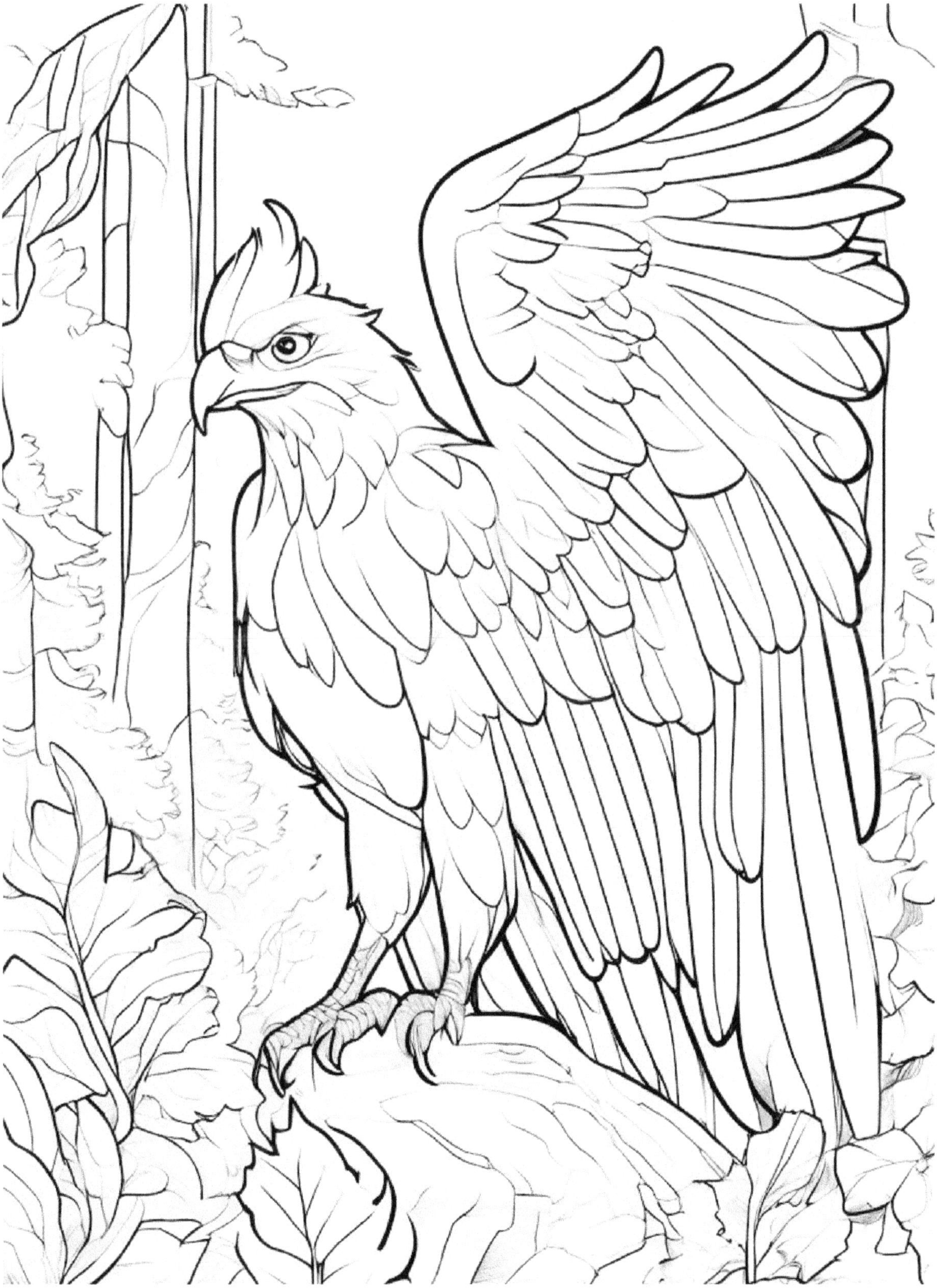

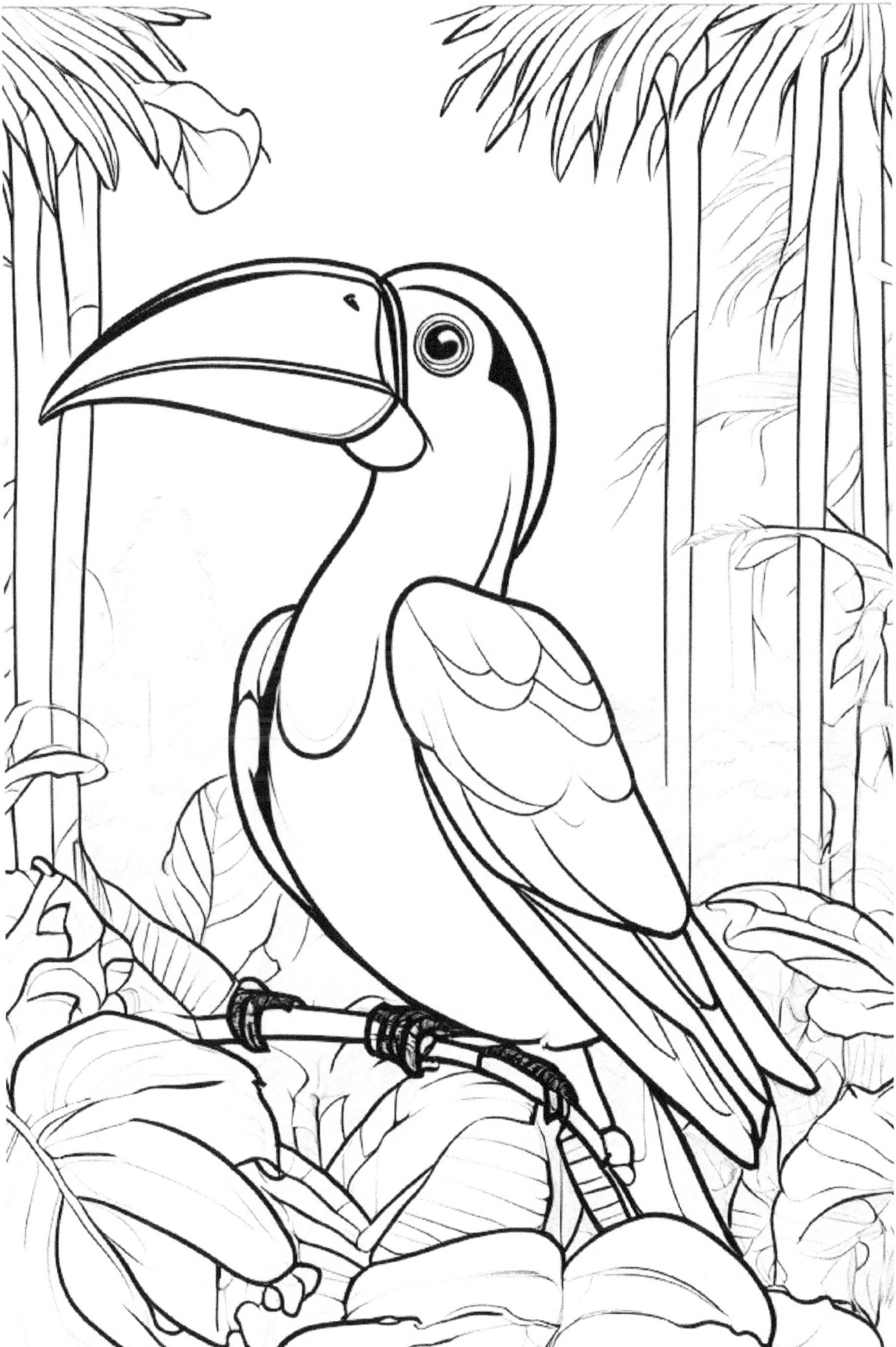

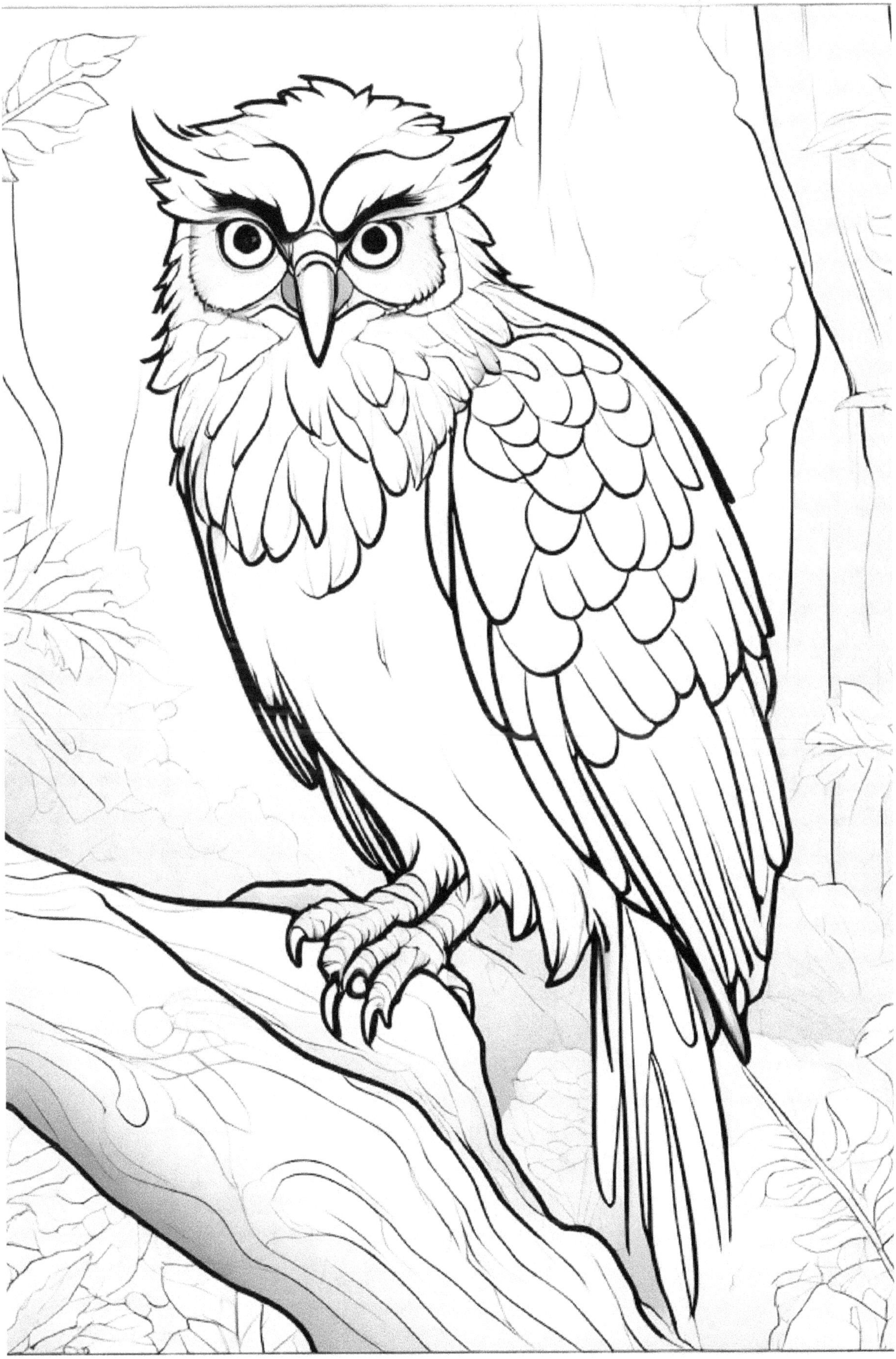

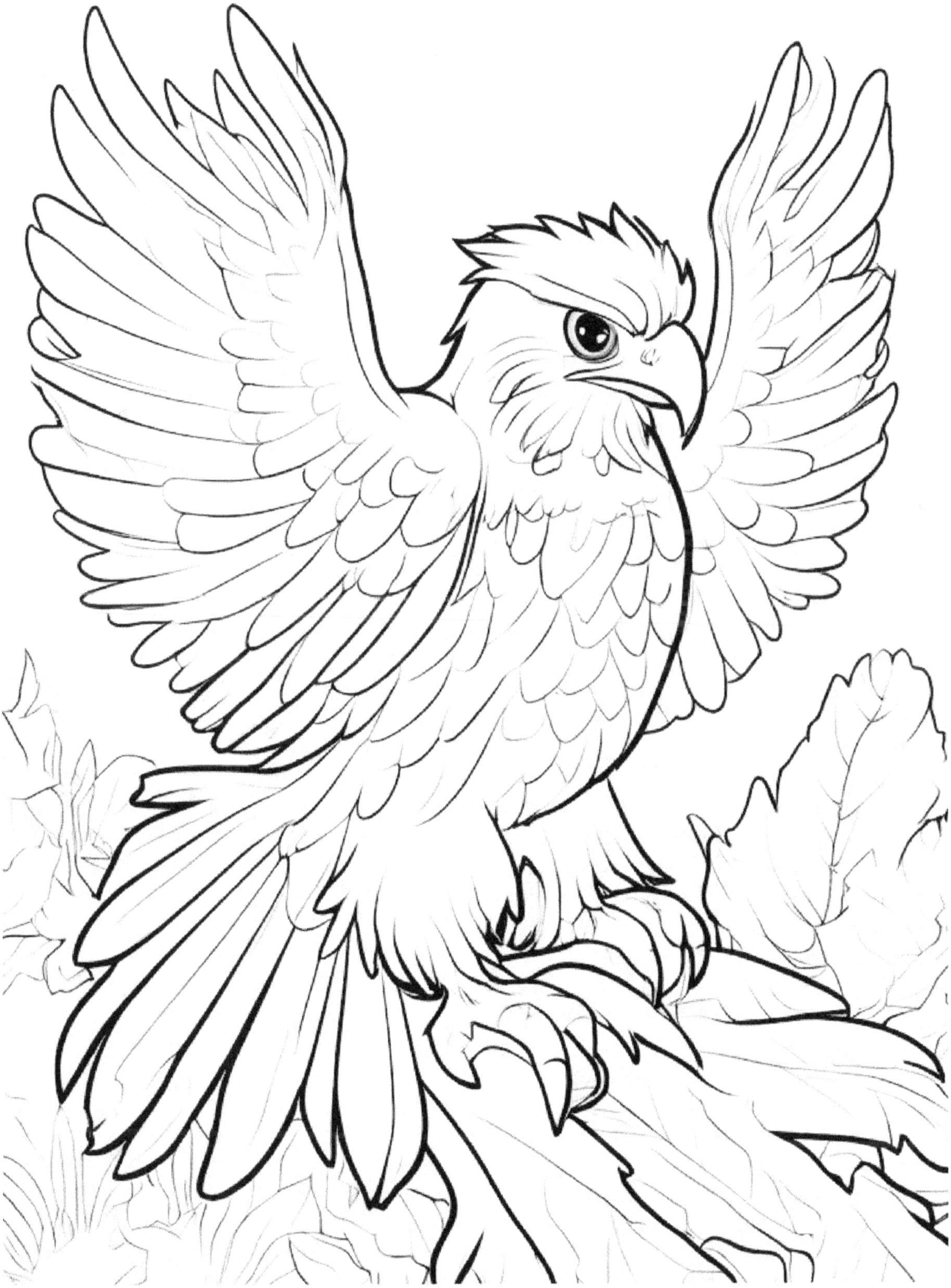

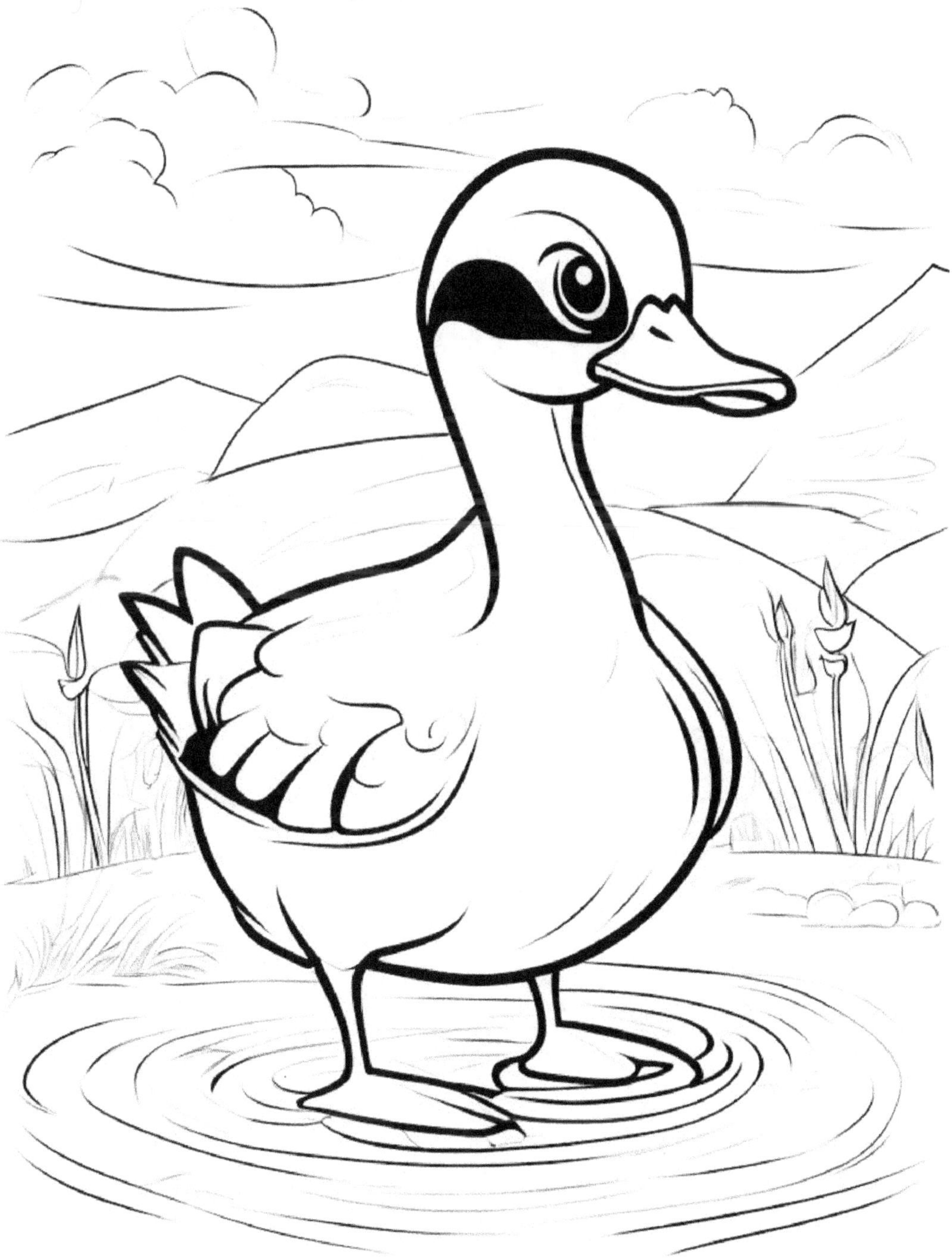

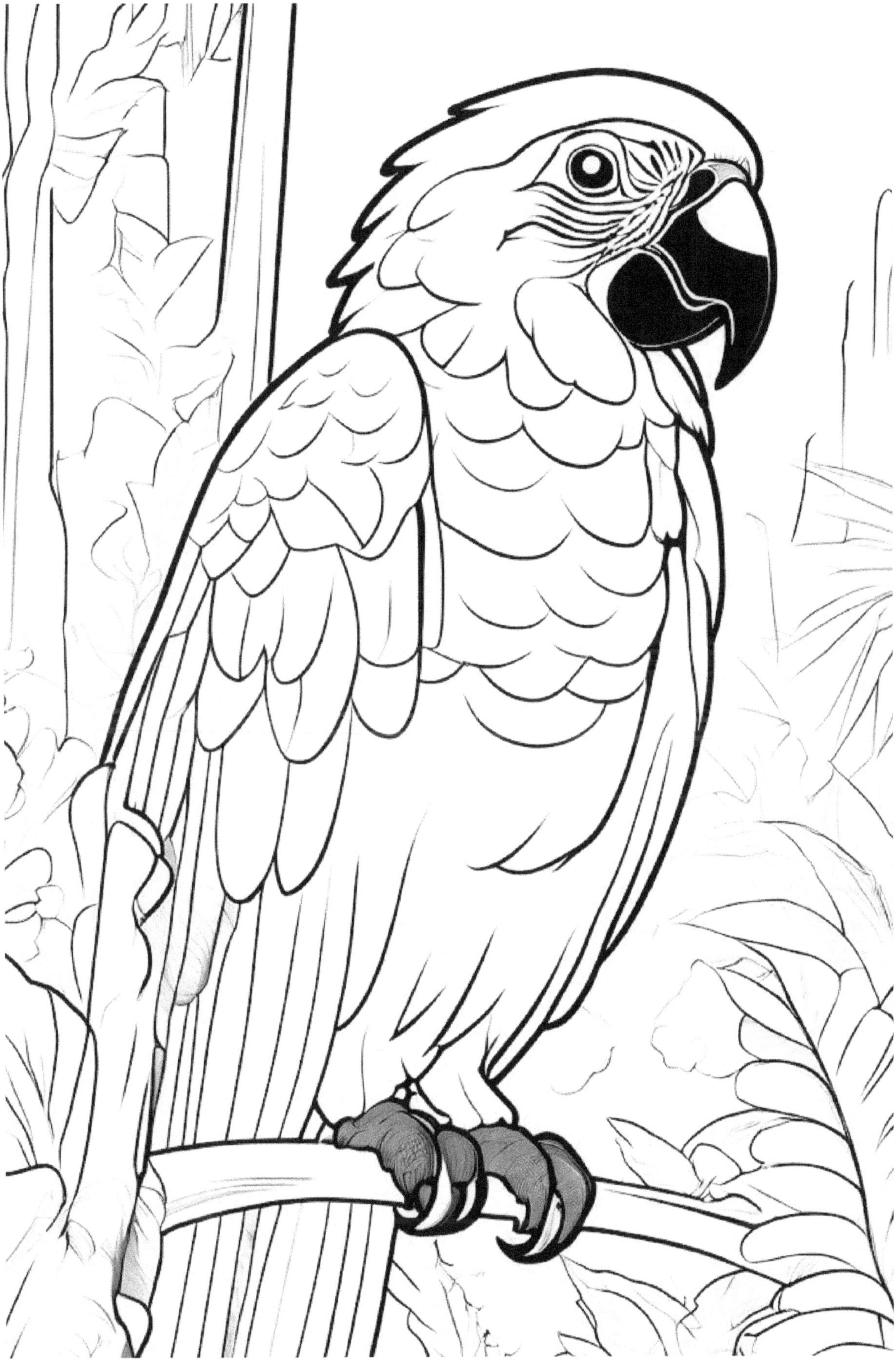

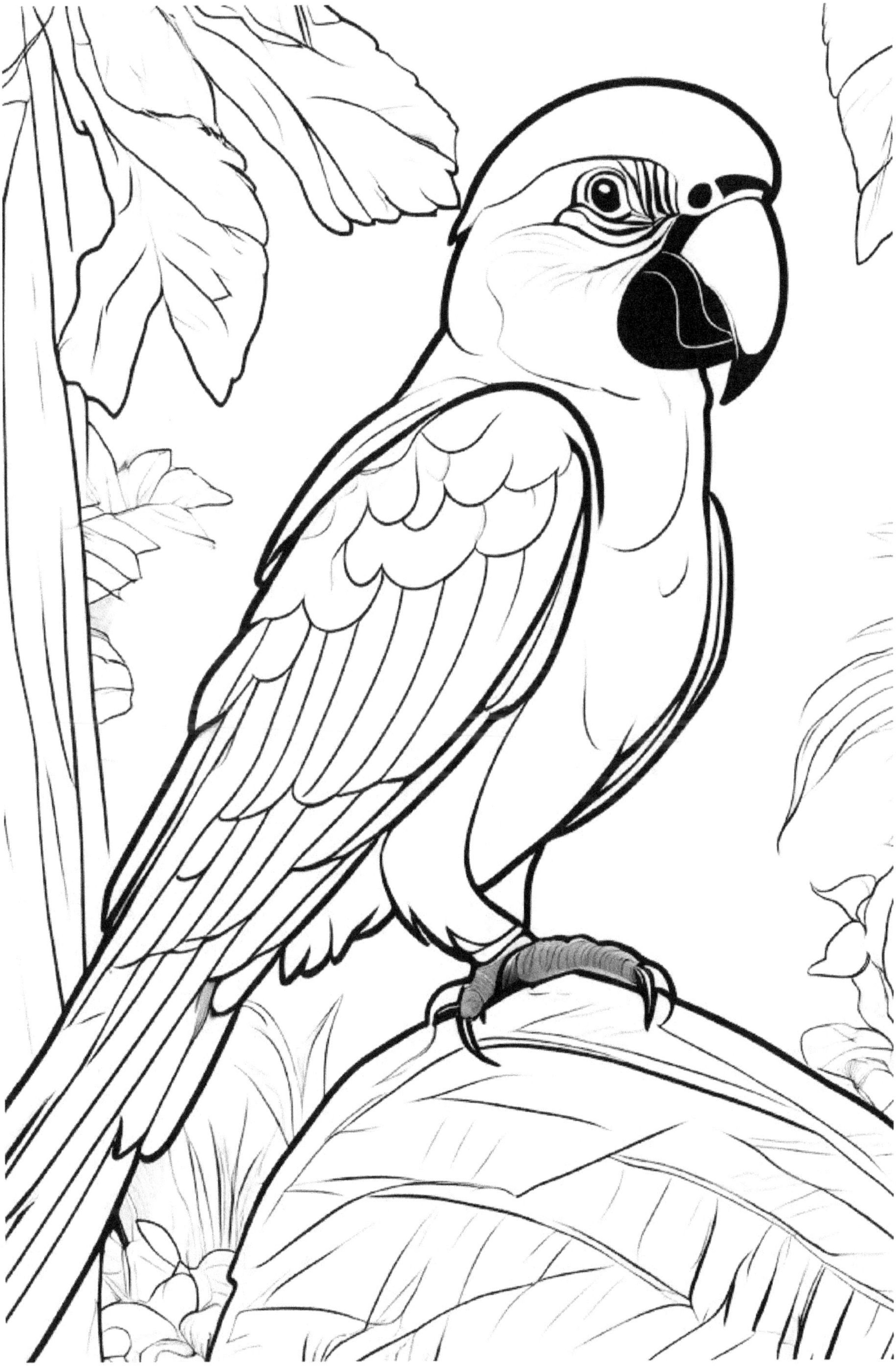

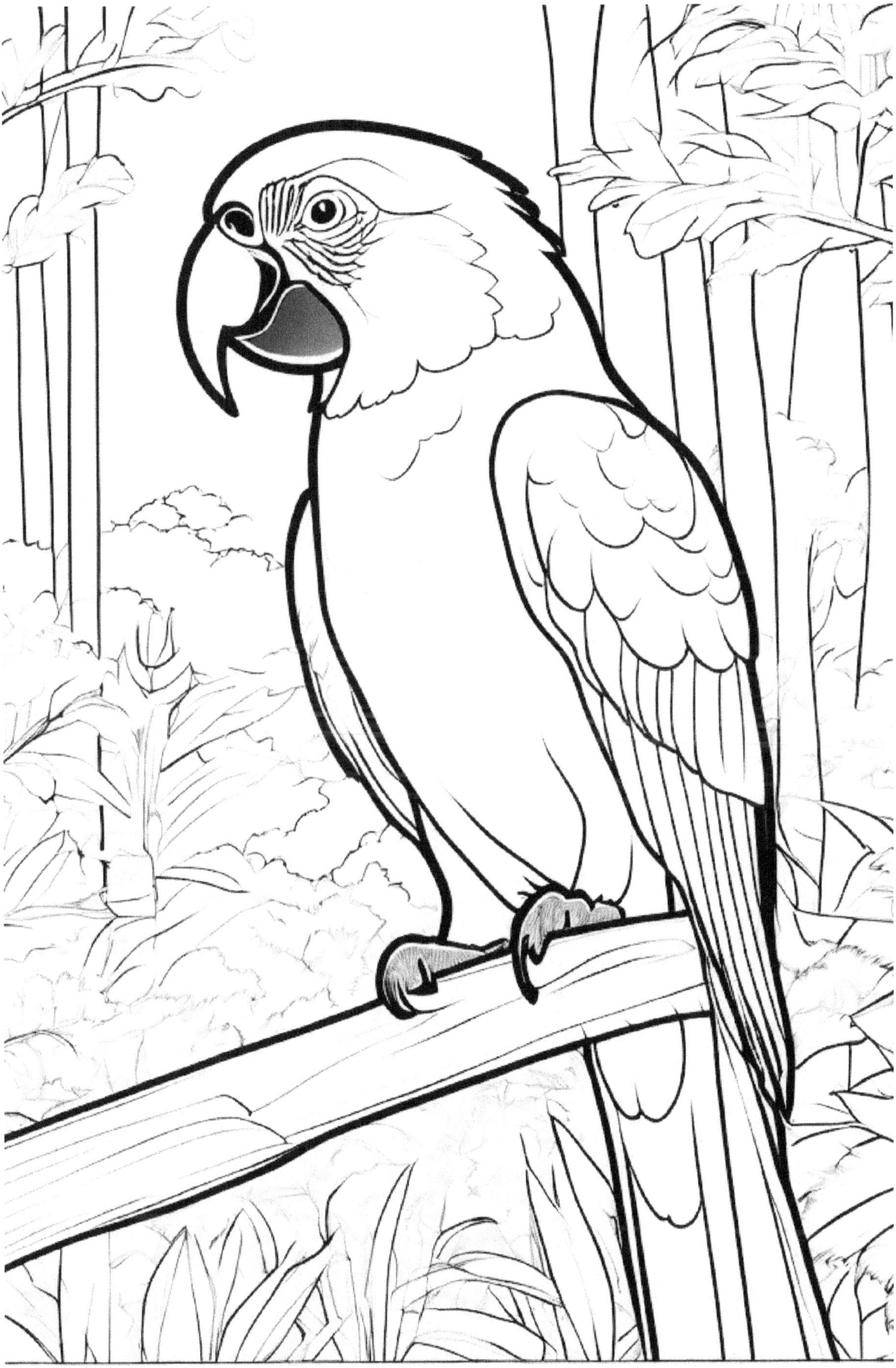

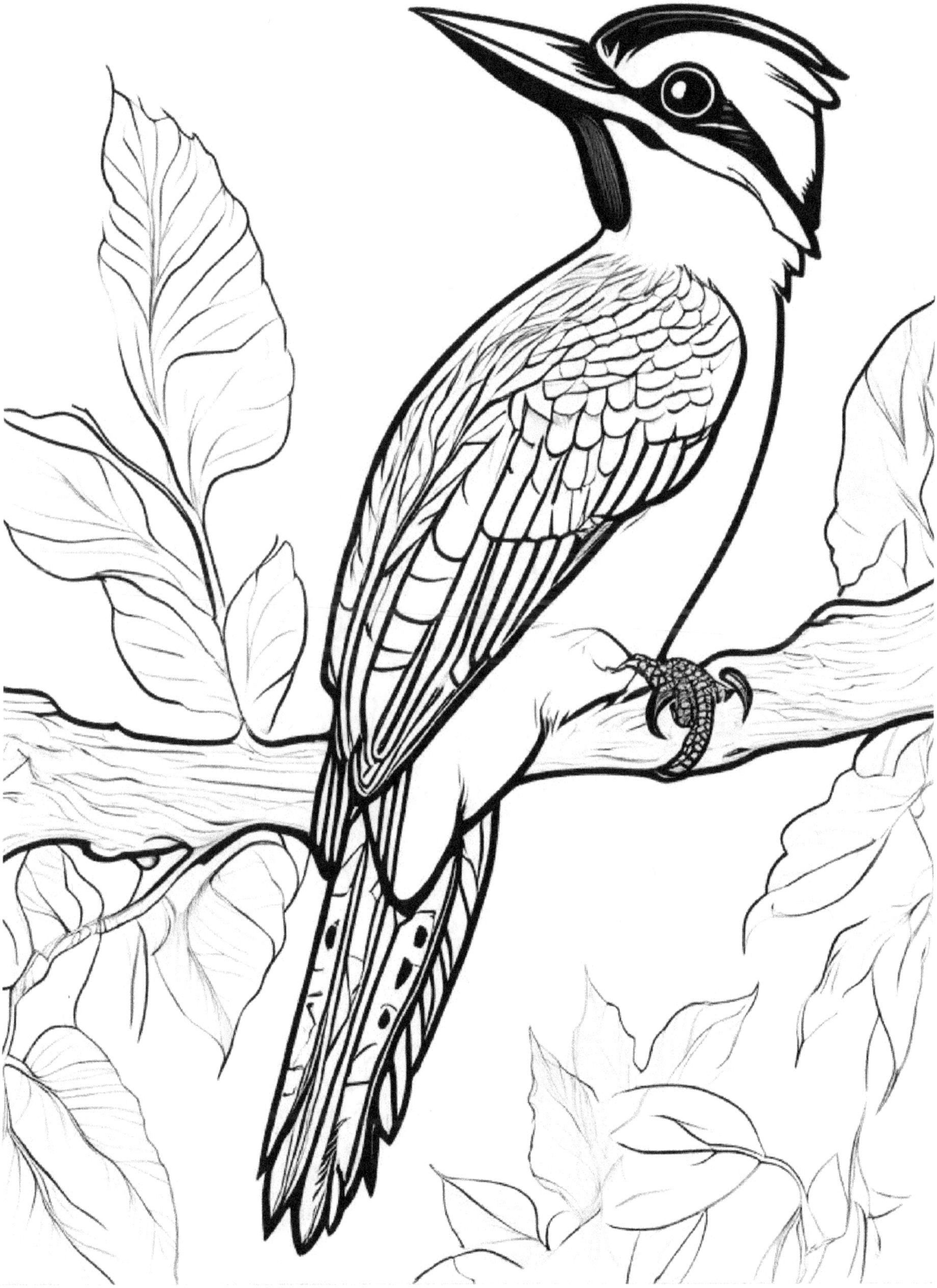

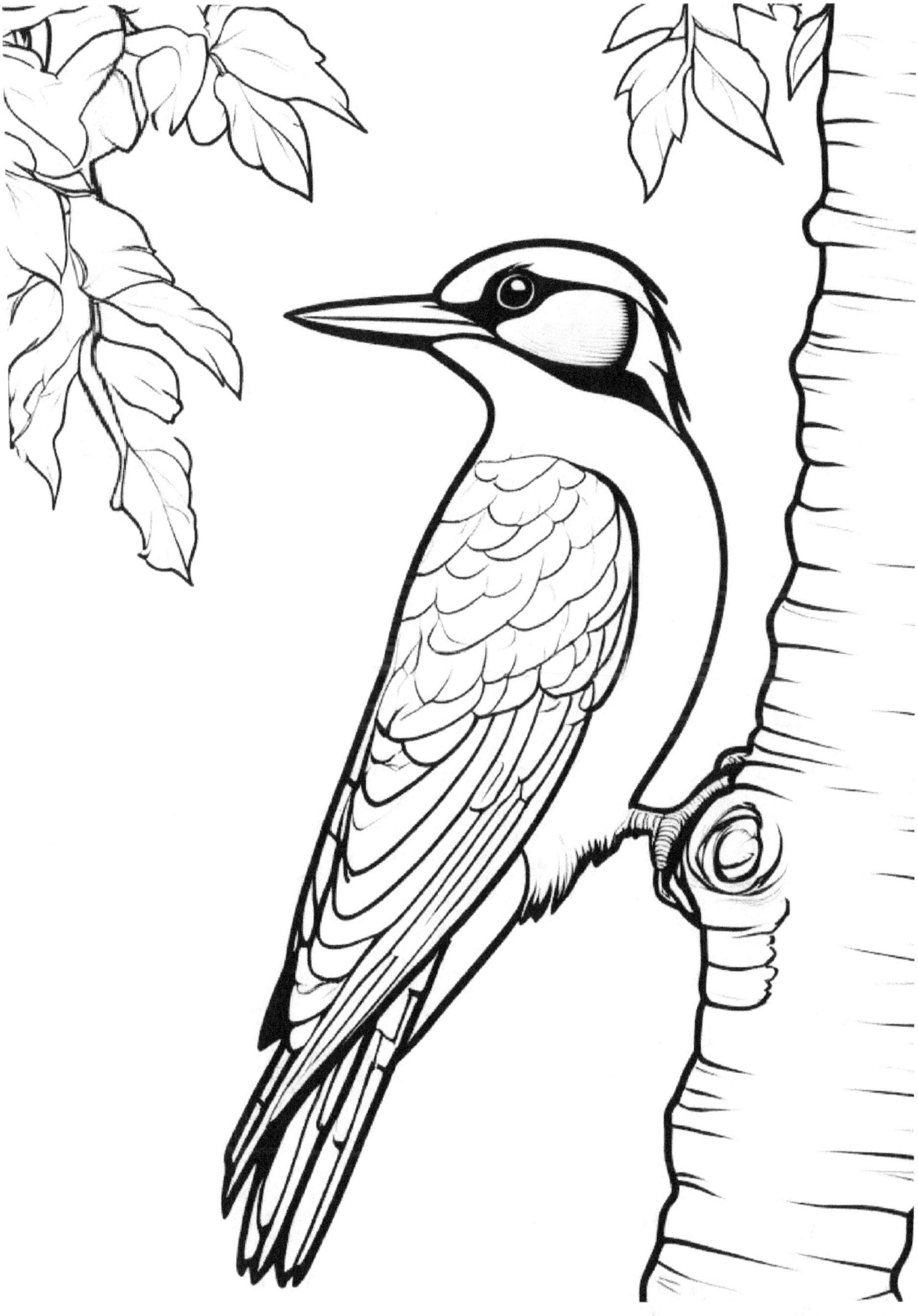

www.ingramcontent.com/pod-product-compliance
Lightning Source LLC
Chambersburg PA
CBHW080924290526
45795CB00007BA/2638
* 9 7 9 8 8 7 8 3 4 5 1 0 1 *